Arno Backhaus

Ich habe mit nichts begonnen, aber das meiste habe ich noch.

ARNO BACKHAUS

Ich habe mit nichts begonnen, aber das meiste habe ich noch.

Widersprüchliches zum Lach(denk)en

Brendow
Verlag | Alles, was Sinn macht!

Es war uns leider nicht möglich, alle Fremdzitate ihren jeweiligen Urhebern zuzuordnen. Wir bitten dafür um Verständnis.

Bibliografische Information der Deutschen Nationalbibliothek
Die Deutsche Nationalbibliothek verzeichnet diese Publikation in der Deutschen Nationalbibliografie; detaillierte bibliografische Daten sind im Internet über http://dnb.d-nb.de abrufbar.

ISBN 978-3-96140-097-3

Gesamtgestaltung: Brendow Verlag, Moers
Druck und Bindung: CPI – Clausen & Bosse, Leck
Printed in Germany
www.brendow-verlag.de

INHALT

Große Worte und nix dahinter?
Von Sprüchen wird keiner satt!

Ich bin bei einer Quartiergeberin in Baden-Württemberg, einer älteren Dame. Vor dem Frühstück will sie beten und sagt etwas verlegen: „I kann nur a Sprüchle." Nur ein Sprüchle?, denke ich. Das ist oft schon ganz schön viel.

Ich liebe ja Sprüche. Vor allem die Sprüche Salomos aus der Bibel, weil sie komplizierte Dinge auf den Punkt bringen. Sie sind lebensnah, verständlich, praxistauglich, passen zu jeder Tages- und Nachtzeit und sind heute noch hochaktuell. Die hat sich keiner am grünen Tisch ausgedacht, die sind aus leidvoller Lebenserfahrung erwachsen.

Die Sprüche Salomos sind bis heute ein besonderer Schatz der Glaubens- und Lebensweisheiten des jüdischen Volkes. Sie legen den Schwerpunkt auf das Verhalten in unserem Alltag. Dabei geht es vor allem um die horizontale Beziehungsebene: von Mensch zu Mensch – allerdings immer im Angesicht Gottes. Hier finden wir wegweisende Sprüche, also Sprüche, die den Weg weisen – den Weg hin zur Weisheit. Aber es sind auch weg-weisende Sprüche: weg vom Egoismus, weg vom Stolz, hin zur Sicht Gottes. Wir sollen weise werden, und das zieht sich durch das ganze Buch der Sprüche.

Dieses Sprüchebuch soll pro-vozieren. Nicht ärgern, sondern herausfordern und wach machen für das Leben, für Menschen und Gott, ermutigen und trösten und zum Lachen reizen. Auf der einen Seite das Leben ernster zu nehmen als bisher, und gleichzeitig alles nicht zu ernst zu nehmen, das wäre doch ein lohnendes Ziel, oder? Ein paar der Sprüche sind vielleicht für manche etwas grenzwertig. Aber nur, wenn man sie allzu ernst nimmt. Manche Sprüche sind ernst gemeint, manche eher ironisch. Ich überlasse es der Intelligenz des Lesers, das bei jedem Spruch selbst zu entscheiden.

Aber bedenken Sie immer: Das Leben besteht nicht aus Sprüchen, davon wird keiner satt. Entscheidend ist, dass ich die Sprüche runterbreche in meinen Alltag, sodass sie lebendig werden.

Ihr Arno Backhaus

ARNOS FRECHES SPRÜCHE-ABC

A

Wenn Plan A nicht funktioniert, keine Panik – das **Alphabet** hat noch 25 andere Buchstaben.

Wenn du schnell gehen willst, geh **allein**. Doch wenn du weit gehen willst, geh mit anderen.

Was nie neu war und nie **alt** wird, das nennt man einen Folksong.

Wenn jemand auf die Idee kommt, dich alt zu nennen: Schlag ihn mit deinem Stock und wirf ihm dein Gebiss hinterher.

Meine Oma ist so alt, die hat noch Dinosaurier gekannt.

Ich bin nicht alt, ich bin nur schon ein bisschen länger jung als andere.

Du weißt, dass du alt wirst, wenn vor sämtlichen Namen in deinem Adressbuch „Dr." steht.
Arnold Palmer

Alle wollen alt werden, aber keiner will es sein.

Es gibt Oldtimer und Youngtimer.

A

Arnos freches Sprüche-ABC

Es ist besser, ein junger Spatz zu sein als ein alter Paradiesvogel.
Mark Twain

Alter ist nur eine Zahl, mehr erst mal nicht.

Je älter ein Mensch wird, desto teurer werden seine Zähne.

Wir können nicht verhindern, dass wir älter werden, aber wir können verhindern, dass wir uns dabei langweilen.

Um seine Jugend zurückzubekommen, muss man nur seine Torheiten wiederholen.
Oscar Wilde

Ich bin nicht perfekt, aber so nah dran, dass es mir **Angst** macht.

Ich lese keine **Anleitungen**. Ich drücke Knöpfe, bis es klappt.

Irgendwas muss ich ja machen mit meiner Freizeit, da kann ich auch **arbeiten**.

Dieses Jahr nehme ich mir den ganzen Sommer frei! Die zwei Tage arbeite ich dann im Sommer nach.

Nimm nie Arbeit mit nach Hause, außer du arbeitest in einer Brauerei.

Ich habe heute Nacht von der Arbeit geträumt. Heute Morgen habe ich gleich mal Überstunden notiert.

Ich bin der Boss, na, wenigstens ein Bösschen.

Treffen sich zwei Klempner. Meint der eine: „Gestern habe ich 60 Meter Rohr verlegt!" Darauf der andere: „Ach, die finden wir schon wieder."

Ich werde Inschinör, Ingineur, Ingenör – ach Quatsch, ich werde Entwickler.

Wenn jemand in einem Betrieb unverzichtbar ist, dann ist dieser Betrieb falsch organisiert.

Die Mitarbeiter, die morgens zu spät kommen, werden gebeten, rechts im Gang zu gehen, damit sie mit denen, die abends früher gehen, nicht zusammenstoßen.

Chef zur Sekretärin: „Was steht denn diese Woche auf meinem Terminkalender?" – „Montag, Dienstag, Mittwoch, Donnerstag, Freitag."

Es ist nicht wahr, dass Frauen einen Mann suchen, der viel arbeitet; es genügt ihnen einer, der viel verdient.

A

Arnos freches Sprüche-ABC

Ich wäre viel weniger **arrogant**, wenn nicht alle so blöd wären.

Ich frage mich, warum man immer die Rechnung eines Arztes, aber nie seine Rezepte lesen kann.
Oscar Wilde

Arzt zum Patienten: „Ich muss Sie abhören". Der Patient daraufhin: „Brauchen Sie dazu meine Passwörter oder reicht meine E-Mail-Adresse?"

Aschenbecher: Wir geben Ihrer Kippe ein Zuhause.

Bevor ich mich jetzt **aufrege**, ist es mir lieber egal!

Wer die **Augen** offen hält, dem wird im Leben manches glücken. Doch noch besser geht es dem, der versteht, eins zuzudrücken.
Johann Wolfgang von Goethe

Ich hatte letzte Woche einen Augen-Tinnitus. Habe die ganze Woche nur Pfeifen gesehen.

Weil du die Augen offen hast, glaubst du, du siehst.

Zwei Frauen unterhalten sich. „Schlimm, überall, wohin man guckt, Ausländer."
„Ja, und im **Ausland** soll es noch schlimmer sein!"

Sagt der **Auto**mechaniker zum Kunden: „Das Problem ist größer, als ich dachte. Ihre Batterie braucht ein neues Auto!"

Jeder Mensch ist ein Autobus, in dem die Vorfahren mitfahren.
Oliver Wendell Holmes

Komisch, wenn wir einen Stau erreichen, sitzen wir zwar im Auto und stehen auf der Stelle, aber nennen das fahren.

Vernünftige Autos werden vom Antrieb geschoben, nicht gezogen.

Wurden Frauenparkplätze erfunden, damit Frauen die Autos von Männern beim Einparken nicht beschädigen?

Habe heute mein Navi angebrüllt, es soll zur Hölle fahren. Stehe jetzt vor dem Haus meiner Schwiegermutter.

Dank des neuen Navigationssystems verfahren wir uns jetzt viel genauer.

Frauen arbeiten heutzutage als Jockeys, stehen Firmen vor und forschen in der Atomphysik. Warum sollten sie nicht auch eines Tages rückwärts einparken können?

Männer verfahren sich nicht. Männer kreisen ihr Ziel ein …

Mein Nachbar war ein Jahr ohne Führerschein und ohne Auto. Jetzt hat er beides wieder. Er ist jetzt autorisiert.

Zwei Urmenschen treffen sich. Da sagt der eine: „Du, ich habe eine Uhr gefunden!" Darauf der andere: „Yeti?"

B

Schild in der **Bäckerei**: „Unsere Backwaren sind mehr als die Summe ihrer Krümel."

Es gibt kein hartes **Brot**. Kein Brot zu haben, das ist hart.

„Können Sie mir sagen, wie ich zum **Bahnhof** komme?" – „Nein, aber ich kann Ihnen sagen, wie spät es ist."

Wie bekommt man einen Schwaben zum **Bellen**?
„Es gibt Freibier!" – „Wo, Wo, Wo?"

Wir sind übern **Berg**, jetzt geht's bergab.

Die **Berühmtheit** mancher Zeitgenossen hängt auch mit der Blödheit der Bewunderer zusammen.
Heiner Geißler

Ich bin nicht klein, ich bin nur auf das **Beste** reduziert.

Besucher machen immer Freude. Manche beim Kommen, manche beim Gehen.

Die allgemeine **Bevölkerung** weiß nicht, was geschieht. Und sie weiß nicht einmal, dass sie es nicht weiß.

Das Geheimnis einer guten **Beziehung**: Einer kann kochen, und der andere hat dauernd Hunger.

Was du hast, können viele haben, doch was du **bist**, kann keiner sein.

Du bist schön ... **blöd**.

Es gibt überall **Blumen** für den, der sie sehen will.

Ich habe ein paar Blumen für dich nicht gepflückt, um dir ihr Leben mitzubringen.
Christian Morgenstern

Im Supermarkt: „Ein Kilo Tomaten, bitte." – „Normal oder mit Geschmack?"

„Ich habe mit der Pflanze ausgemacht, dass ich sie nur noch einmal im Monat gießen werde. Sie ist darauf eingegangen."

Nur wer aus dem **Boot** steigt, erfährt, ob das Wasser ihn trägt.
Ute Mayer

Die Werbung ist die Kunst, auf den Kopf zu zielen und die **Brieftasche** zu treffen.
Vance Packard

„Was ist **Betrug**?", fragt der Professor den Jurastudenten. „Betrug ist, wenn Sie mich durchfallen lassen." – „Wieso?" – „Weil sich nach dem Strafgesetzbuch derjenige des Betruges schuldig macht, der die Unwissenheit eines anderen ausnutzt, um diesen zu schädigen."

Nur im Wörterbuch steht Erfolg vor Fleiß.

Das Mathebuch ist der einzige Ort, an dem es normal ist, 53 Melonen zu kaufen.

Wie wär's mit **Burkas** aus Klarsichtfolie?

C

Für den ersten Eindruck gibt es keine zweite **Chance**.

Wir haben keine Chance, aber die wollen wir nutzen!

Der **Charakter** ruht auf der Persönlichkeit, nicht auf den Talenten.

Ein **Clown** wurde jetzt beim clown erwischt.

Die meisten **Computer**probleme sitzen zwischen Tastatur und Stuhl.
Klaus Lages

Unsere Gesellschaft steht auf zwei Füßen: Internet und Schnäppchen.

Das Handy entwickelt sich immer mehr zum Babyphon für Teenager.

Denken ist wie googeln, nur krasser.

Der Mensch wird am ~~DU~~ PC zum Ich.

Habe ich das Smartphone in der Hand oder das Smartphone mich?

Früher hatte ich Elan, heute habe ich WLAN. Ist auch o. k.

ADHSler sind das Macintosh in einer Windows-Welt.

Warum sollte man drei Minuten telefonieren, wenn man eine Sache auch in acht Stunden per WhatsApp klären kann?

Wenn du die Verpackung von **Cornflakes** essen würdest, würdest du mehr Nährwerte zu dir nehmen, als wenn du die Cornflakes ißt.

D

Dankbarkeit ist eine Kostbarkeit, die nichts kostet.

Das **Denken** ist zwar allen Menschen erlaubt, aber vielen bleibt es erspart.
Curt Goetz

Wenn sich Männer mit ihrem Kopf beschäftigen, dann nennt man das denken. Wenn sich Frauen mit ihrem Kopf beschäftigen, dann nennt man das frisieren.

Frauen verbringen wahrscheinlich mehr Zeit damit, darüber nachzudenken, was die Männer denken, als Männer tatsächlich mit Denken verbringen.

Unterschätze nie ruhige Menschen. Sie bemerken mehr, als du glaubst, denken mehr, als sie sagen, und wissen mehr, als sie preisgeben.

Wir denken selten an das, was wir haben, aber immer an das, was uns fehlt.

Man gewinnt immer, wenn man erfährt, was andere von einem denken.

Es kommt immer anders, wenn man denkt.

Ich rufe schon seit geschlagenen zehn Minuten nach meinen **Dienern**. So langsam glaube ich, ich habe gar keine.

Disziplin ist die Fähigkeit, sich zu merken, was man will.

Stell dir vor, du tust nichts und die Welt **dreht** sich weiter.

Wenn ich du wäre, wär ich doch lieber ich!

Wenn eine Frau hinterher die **Dumme** ist, kann man davon ausgehen, dass sie es vorher auch schon war.

Dumme Gedanken hat jeder. Der Weise aber verschweigt sie.

Der Vorteil der Klugheit besteht darin, dass man sich dumm stellen kann. Das Gegenteil ist schon schwieriger.

Das Dumme an Zitaten aus dem Internet ist, dass man nie weiß, ob sie echt sind.
Leonardo da Vinci

Es genügt nicht, keine Gedanken zu haben; man muss auch unfähig sein, sie auszudrücken.

Lebensfilme werden in der **Dunkelkammer** entwickelt.

Bohre den Brunnen, ehe du **Durst** hast.

E

Abends vor dem Zubettgehen mache ich oft noch eine Runde um die **Ecken**.

Tipp eines **Ehe**-Therapeuten: Sprich in einem Streit nie das Wort „Scheidung" aus, und „Mord" nur dann und wann!

Kann eine Ehe gelingen, wenn er Mathematiker ist und sie unberechenbar?

„Ehe für alle" war gestern, heute ist „Ehe mit vielen".

Erst war ich ledig. Heute bin ich erledigt.

Ich bin aufs Standesamt gegangen. Da habe ich lebenslänglich bekommen.

Leben Verheiratete länger oder kommt ihnen das nur so vor?

„Wie hast du deine Frau kennengelernt?" – „Ich habe sie geheiratet."

Man ist erst richtig verheiratet, wenn man jedes Wort wahrnimmt, das die Frau nicht sagt.

Eine Frau sorgt sich um ihre Zukunft bis zu dem Tag, an dem sie verheiratet ist.
Ein Mann sorgt sich um seine Zukunft ab dem Tag, an dem er verheiratet ist.

Die ersten fünf Jahre redet er und sie hört zu. Die zweiten fünf Jahre redet sie und er hört zu. Die Jahre danach reden beide und die Nachbarn hören zu.

Ehe ist eine Leidenschaft, eine Arbeit, die Leiden schafft.

Ehe ist betreutes Wohnen für Männer.

Ich hab's aufgegeben den **einen** zu suchen, ich such jetzt den anderen.

Schlimmer als Vielfalt ist **Einfalt**.

My **english** ist not the yellow from the egg, but it goes.

If you can't stop thinking about it, don't stop working for it.

Friends are quiet angels who lift us to our feet when our wings have trouble remembering how to fly.

[Freunde sind stille Engel, die uns auf unsere Füße stellen, wenn unsere Flügel sich schwer damit tun, sich daran zu erinnern, wie man fliegt.]

When nothing goes right, go left.

Marriage is like a workshop; the husband works und the wife shops.

Shopping with your husband is like hunting with the game warden (Einkaufen mit einem Mann ist wie eine Jagd mit einem Jagdaufseher).

Das Einzige, was mich hier noch hält, ist die **Erdanziehung**.

Das Tragische an jeder **Erfahrung** ist, dass man sie erst macht, nachdem man sie gebraucht hätte.
Friedrich Nietzsche

Manche Leute reden aus Erfahrung. Andere reden aus Erfahrung nicht.

Erfolge machen nicht glücklich – solange Konkurrenten auch welche haben!
Otto Weiss

Nur im Wörterbuch kommt Erfolg vor Fleiß.

Arnos freches Sprüche-ABC

Es ist Wahnsinn, immer wieder das Gleiche zu tun und andere **Ergebnisse** zu erwarten.
Albert Einstein

Seitdem ich das Wort Dingsbums kenne, kann ich alles **erklären**.

Wenn du etwas **erleben** möchtest, das du noch nie erlebt hast, musst du etwas tun, das du noch nie getan hast.

Jetzt machen wir's **erstmalig** – und dann sehen wir weiter.

Ein Mensch kann viel **ertragen**, solange er sich selbst ertragen kann.
Axel Munthe

Erwartungen sind Verstimmungen, die noch darauf warten einzutreffen.

Die beste **Erziehung** liegt irgendwo zwischen „Lass das!" und „Ach, was soll's!".

Ich werde ein **Exempel** stationieren, da werden noch Generatoren von sprechen.

Natürlich führe ich Selbstgespräche. Manchmal braucht man halt eine **Expertenmeinung**.

F

Mit **Facebook** findet man Freunde, die man gar nicht gesucht hat.

Pass auf dich auf! Was heute passiert, steht morgen auf Facebook.

Ein Star ist ein Mensch, den jeder kennt – ausgenommen seine **Familie**.

Ich manage ein sehr erfolgreiches Familien-Unternehmen: Telefondienst, Terminplanung, diverse Taxidienste, Event- und Freizeitorganisation, Reinigungs- und Ordnungs-Service, Kulturmanagement, Seelsorge etc.

Die Natur hat 10 000 **Farben**. Nur wir haben uns in den Kopf gesetzt, die Skala auf zwanzig zu reduzieren.
Hermann Hesse

Um es sich bequem zu machen, sollte man nie zu **faul** sein.

Führe oder folge – aber steh nicht im Weg.

Der kleine **Februar** möchte gerne aus dem April abgeholt werden.

Wer nicht dazu bereit ist, eigene **Fehler** einzugestehen, ist ein Leben lang in seinem emotionalen Käfig gefangen.
Knut Habel

Nachruf auf meinen Radiergummi: Du hast dich aufgerieben für meine Fehler!

Fehler macht jeder mal, aber Manager kassieren dafür Prämien.

Frauen machen auch Fehler, aber für das totale Chaos braucht man schon Männer.

Feier deine Ecken und Kanten, Diamanten sind auch nicht rund.

Gib deinem **Feind** einen Namen, und du kannst ihn leichter bezwingen.

Wenn man weiß, wer der Feind ist, hat der Tag Struktur.

Betriebs**ferien** vom 1.1. bis 31.12.

Was sagt eine Blondine, wenn sie eine Einladung zur **FKK**-Party bekommt?
„Oh nein, was zieh ich bloß an?"

Wir engagieren uns bei den **Flüchtlingen**, weil wir nicht alleine glücklich sein wollen.

Aus manchem **Flughafen** wird ein Fluchhafen.

Jedes Jahr braucht man weniger Zeit, um den Ozean zu überfliegen, aber mehr Zeit, um ins Büro zu kommen.

Wenn man mit Flügeln geboren wird, sollte man alles dafür tun, sie zum Fliegen zu benutzen.

Niemand hat die Absicht, einen Flughafen zu eröffnen.

Um **Frauen** zu verstehen, brauchst du erst mal kalte Füße.

Unter Verzicht verstehen Frauen die kurze Pause zwischen zwei Wünschen.

Viele Frauen wissen nicht, was sie wollen, aber sie sind fest entschlossen, es zu bekommen.

Während einer Geburt hat eine Frau so starke Schmerzen, dass es ihr beinahe möglich ist, die Schmerzen nachzuempfinden, die ein Mann bei einer Erkältung durchmacht.

Wie sähe die Welt ohne Männer aus? Keine Gewalt, keine Kriege und lauter dicke, glückliche Frauen.

Manche Frauen sehen um den Kopf herum aus wie eine Legehenne.

Manche Frauen sind echt schön. Man sieht immer noch, dass sie mal jung waren.

Irgendwas ist immer. Außer man fragt Frauen, was los ist. Dann ist immer nichts.

Ist eine Gesichtscreme, die zwanzig Jahre jünger macht, lebensgefährlich, wenn frau erst neunzehn Jahre alt ist?

Frauen hinter den Herd? Blödsinn, die Schalter sind doch vorne.

Frauen lieben die einfachen Dinge des Lebens – zum Beispiel Männer.

Frauen machen sich nicht schön, um Männern zu gefallen. Sie tun es, um andere Frauen zu ärgern.
Marcel Aymé

Drei Arten von Männern versagen beim Verstehen der Frauen: junge Männer, Männer mittleren Alters und alte Männer.

Die ersten 25 Jahre zwischen 30 und 40 sind die interessantesten Jahre im Leben einer Frau.

Ausgerechnet in Augenblicken, die man genießt, wollen Frauen geküsst werden.
John Cleese

Bewundernswert ist die Frau, die jeden anderen haben kann, aber nur dich an ihrer Seite will.

Beim Reifenwechsel in der Tiefgarage haben mir insgesamt drei Männer ihre Hilfe angeboten. Morgen werde ich dort mal bügeln.

Eine Studie hat herausgefunden, dass Frauen, die ein bisschen übergewichtig sind, länger leben als Männer, die das erwähnen.

Eine Frau ab 50 muss die Entscheidung zwischen einem schönen Gesicht und einer schönen Figur treffen.

Man ist in dem Maße zur **Freiheit** reif, als man zur Selbstkritik fähig ist.
Martin Kessel

Niemand ist hoffnungsloser versklavt als der, der fälschlich glaubt, frei zu sein.

F

Arnos freches Sprüche-ABC

Wer sagt, hier herrscht Freiheit, der lügt, denn Freiheit herrscht nicht.

Meinen Sie ja nicht, dass Sie mich mit Ihren Fremdwörtern imprägnieren können!

Nimm dir Zeit für deine **Freunde**, sonst nimmt die Zeit dir deine Freunde.

Ich bin für den Ausbruch des 1. Welt**frieden**s!

Weltfrauentag – das hieß früher **Frühjahrsputz**.

Das Gegenteil von **Frühling**serwachen: Abendspäteinschlafen.

Warum benötigen Männer eine Zeitlupenwiederholung, wenn sie **Fußball** schauen? Weil sie nach 30 Sekunden vergessen haben, was passiert ist.

G

Traue keinem **Garten** ohne Unkraut!

Geburtstage machen Spaß, solange man davon nicht älter wird.

Das Geheimnis des Glücks ist es, statt der Geburtstage die Höhepunkte des Lebens zu zählen.

Happy Birthday! Der Lack ist zwar ab, aber die Grundierung ist immer noch erste Sahne.

Geburtstag ist noch lange kein Grund, älter zu werden.

Als die **Geduld** verteilt wurde, stand ich gerade hupend im Stau.

Geduld? Als hätte ich Zeit für so 'ne Zeitverschwendung?!

Männer haben auch **Gefühle**. Hunger zum Beispiel. Und Durst.

„Schatz, du musst auch mal Gefühle zulassen." – „Sind zu."

Wenn das menschliche **Gehirn** so simpel wäre, dass wir es verstehen könnten, wären wir so simpel, dass wir es nicht könnten.

Lass niemanden durch deinen **Geist** spazieren, der dreckige Füße hat.

Legen Sie Ihr **Geld** in Steuern an, die steigen ganz sicher.

G Arnos freches Sprüche-ABC

Kein Geld macht auch nicht glücklich.

Heute Nacht ist jemand bei mir eingebrochen und hat nach Geld gesucht. Ich bin aufgestanden und habe geholfen. Vergeblich.

Geld ist nichts. Viel Geld ist natürlich was ganz anderes.

Du bist erst reich, wenn du etwas hast, das man mit Geld nicht kaufen kann.

Warum sind Geldscheine nicht gleich aus Kohlepapier?

Geld ist dazu da, *andere* glücklich zu machen.

Ich komme bekanntlich aus der Schweiz, da heißen die Berge Alpen. In Bremen heißen sie Schulden.
Josef Ackermann

„Ich wünschte, ich hätte so viel Geld, dass ich mir einen Elefanten kaufen könnte!" – „Brauchst du denn einen Elefanten?" – „Nein, aber das Geld!"

Sind das Lebenskünstler, die die ersten 40 Jahre ihres Lebens mit aller Gesundheit hinterm Geld herrennen und die zweiten 40 Jahre mit allem Geld hinter der Gesundheit?

Man wird nicht reich durch das, was man verdient, sondern durch das, was man nicht ausgibt.

Der Banker sagt zu seinem Sohn: „Für jede Zwei in einer Klassenarbeit bekommst du zehn Euro." – Am nächsten Tag schlägt der Sohn der Lehrerin vor: „Sie könnten sich ab und zu 5 Euro verdienen ...!"

Nach dem Einkauf bekommt Heini sein Wechselgeld zurück. Nachdem er es zum vierten Mal gezählt hat, fragt die Kassiererin: „Stimmt es etwa nicht?" – „Doch, aber gerade so eben ...!"

„Papa, ich habe zwei Fragen: 1.: Kann ich mehr Taschengeld bekommen? Und 2.: Warum nicht?"

GEMA da weg! Wer? Alle Rechte- und Lizenz-, Über- und Eintreiber.

Kaffee! Weil gute Tage nie mit **Gemüse**saft beginnen.

Was denken **Gender**fanatiker über *die* Hose, *der* Rock, *das* Hemd oder über *die* Gabel, *der* Löffel, *das* Messer?

Haben die Länder, die in ihrer Sprache kein Geschlecht kennen (wie Ungarn, Türkei oder England), keine Probleme mit der Gleichstellung? Im Gegensatz zu *die* Türkei, *die* USA ...

G

Arnos freches Sprüche-ABC

Wenn eine Mutter ihre Tochter erzieht, heißt es dann trotzdem er-ziehen?

Zwei Emanzen sitzen im Restaurant. Sagt die eine zur anderen: „Kannst du mir mal bitte die Salzstreuerin geben?"

Wenn mit „Die Person auf dem Foto ..." ein Mann gemeint ist, fühlt er sich dann weiblich diskriminiert?

Wie kam das Geschlecht in diese Wörter? Muttersprache – Vaterland – Mutterboden.

Heute **geschlossen** wegen gestern.

Der reißende Fluss wird **gewalt**tätig genannt, aber das Flussbett, das ihn einengt, nennt keiner gewalttätig.

Wir müssen aufhören zu **glänzen** und anfangen zu leuchten.

Lass dir dein **Glitzern** nicht nehmen, nur weil es andere blendet.

Gönne anderen, was sie besitzen – sonst machst du deren **Glück** zu deinem Unglück.

G

Feel Glück!

Sei gut zu dir! Glücklich steht dir am besten.

Die Frau zu ihrem Mann: „Glück ist das Einzige, was sich verdoppelt, wenn man es teilt." Der Mann ergänzt „... und Bakterien."

Gärtner – Bezeichnung für eine Person, die in der Natur einen **Grill**platz anlegt.

Wenn ich **groß** bin, werde ich Eisdealer.

Sagt die Null zur Acht: „Hey, cooler **Gürtel**!"

Willst du etwas **gut** gemacht haben, so tue es selber.

H

Schwielen an den **Händen** haben mehr Ehre als ein kostbarer Ring am Finger.

Du bist nicht der **Hammer**, du bist der ganze Werkzeugkasten!

Mit meiner **Handtasche** könnte ich spontan das Land verlassen.

Du kannst nicht jeden **happy** machen. Du bist halt kein Nutella-Glas!

Sollen wir nicht lieber **Herzen** öffnen statt Grenzen schließen?

Herzen sind nicht ausschließlich dazu da, Blut zu pumpen!

Ich folge weiterhin meinem Herzen. Das muss der Verstand ja nicht wissen.

Ist das Boot zu voll oder das Herz zu leer?

Erinnerungen sind Wärmflaschen fürs Herz.
Rudolf Fernau

Das Herz hat zwar keine Knochen, doch es ist die Stelle, die am meisten gebrochen wird.

Weder **Heterosexuelle,** noch Schwule, noch Lesben haben ein Recht auf Kinder. Kinder haben ein Recht auf Eltern.

Eigentlich hatte ich **heute** viel vor, jetzt habe ich morgen viel vor.

Irgendwann ist heute.

Wenn dir das Leben in den **Hintern** tritt, nutze den Schwung, um vorwärtszukommen.

Ein **Hip-Hopper** kauft sich seine erste Digital-Uhr. Jemand fragt ihn, wie spät es ist. Er sagt: „18 geteilt durch 35, aber ausrechnen musst du es selbst."

Die **Hoffnung** ist wie Zucker im Kaffee: Auch wenn sie klein ist, versüßt sie alles.

Hoffnung ist nicht die Überzeugung, dass etwas gut ausgeht, sondern die Gewissheit, dass etwas Sinn hat, egal wie es ausgeht.
Vaclav Havel

Wenn du sagst, ich mache das, was mir Lust macht, dann folgst du deinen Hormonen.

Humor ist die Medizin, die am wenigsten kostet und am leichtesten einzunehmen ist.

Der Scherz ist oft das Loch, aus dem die Wahrheit pfeift.

Humor kann man nicht als Tablette einnehmen, nur als Haltung.

Geduld und Humor sind zwei Kamele, mit denen du durch jede Wüste kommst.

Der nächste Sperrmülltermin ist am Valentinstag. Ich mag den Humor der Stadt.

Von allen Sorgen, die ich mir machte, sind die meisten gar nicht eingetroffen. Aber jedes Lachen, das meine Freunde mir brachten, hat mein Leben jünger und gesünder gemacht.

Der Himmel hat den Menschen drei Dinge gegen die Mühseligkeiten des Lebens gegeben: die Hoffnung, den Schlaf und das Lachen.
Immanuel Kant

Es gibt drei Dinge, die man beachten muss, um garantiert witzig zu sein. Leider ist keines davon bekannt.

Wenn ein Komiker ins Gefängnis muss, ist das dann „Lach-Haft"?

Hast du von der Frau gehört, die endlich herausgefunden hat, was es mit Männern auf sich hat? Sie ist vor Lachen gestorben, bevor sie es jemandem erzählen konnte.

I

Alltags-Elektronik ruiniert emotionale **Intelligenz**.

Es gibt Fach- und Mehrfachidioten.

Ich komm auch sehr gut alleine nicht klar.

Der **Islam** hat nichts mit dem Islamismus zu tun? Das ist so, als würde man sagen, der Alkohol habe nichts mit Alkoholismus zu tun.

J

Jeder Mensch hat zwei Gehirnlappen, nur der Deutsche hat noch einen dritten: den **Jammerlappen**.

Morgens **joggen** ist nichts für mich, ständig schwappt der Kaffee über den Rand der Tasse.

Großväter sind nur antiquierte kleine **Jungs**.

Geniale Naturen erleben wiederholte Pubertät, während andere Leute nur einmal **jung** sind.

K

Käse erreicht seine richtige Reife durch Liegenbleiben. Ich wäre auch gerne als Käse auf die Welt gekommen.

Wie fühlt man sich, wenn es keinen **Kaffee** gibt? Depresso!

~~Sex~~. ~~Drugs~~. ~~Rock'n Roll~~. Für mich nur Kaffee, danke!

Normalerweise ist es so: Wenn man Kaffee trinkt, kann man nicht schlafen. Bei mir ist es genau umgekehrt: Wenn ich schlafe, kann ich keinen Kaffee trinken.

Sagt der Kaffee zur Sahne: „Komm doch rein!" Darauf die Sahne: „Na gut, ehe ich mich schlagen lasse."

Im nächsten Leben werde ich ein Kaffeeautomat. Du wirst geliebt, bekommst den ganzen Tag Aufmerksamkeit und ständig drückt dich jemand.

Ein guter Kaffee ist das Beste, was einer Tasse passieren kann.

Gibt es in einer Teefabrik Kaffeepausen?

Gähnen ist ein stummer Schrei nach Kaffee.

Sind Zeitsparmaschinen wie Wasch- und Spülmaschinen, Mikrowellen oder Kaffeemaschinen wirkliche Zeitgeschenke?

Heute trinke ich Tee, aber nur bis 2,5 % **Kamille**.

Wer immer tut, was er schon **kann**, bleibt immer das, was er schon ist.

Eine **Karriere** besteht zu 10 % aus Qualifikation und zu 90 % aus Seilschaft, Beziehung und Vetternwirtschaft.

Es gibt zwei Möglichkeiten, Karriere zu machen: Entweder leistet man wirklich etwas oder man behauptet, etwas zu leisten. Ich rate zur ersten Methode, denn hier ist die Konkurrenz bei Weitem nicht so groß.

Zu teuer? Augen zu und **Karte** durch.

Alle Dunkelheit der Welt kann das Licht einer einzigen **Kerze** nicht auslöschen.

Viele **Kinder** werden heute emotional vernachlässigt, aber materiell zugeschüttet.

Das Leben war einfacher, als ich Jungs noch doof fand.

Man kauft Eier von freilaufenden Hühnern, aber die Kinder sperrt man in Kinderzimmer ein.

Früher wussten die Kinder nicht, wo sie herkommen. Heute wissen die Eltern nicht mehr, wo sie hingehen.

Das Mindeste, was ich von einem Kind erwarte, ist, dass es Unfug macht.

Chef, ich komme etwas später, ich bringe nur schnell meinen Karriereknick in den Kindergarten.

„Na, wie war der erste Tag im Kindergarten?" – „Blöd, sie hatten kein WLAN!"

Als ich noch Kind war, hieß mein soziales Netzwerk: draußen!

Alle Eltern haben schöne Kinder. Aber meine muss-ten es mal wieder übertreiben.

Kinder sind kleine Engel, deren Flügel immer kürzer werden, je längere Beine sie bekommen.

Kinder und Uhren dürfen nicht ständig aufgezogen werden, man muss sie auch gehen lassen.

Kinder ohne Liebe werden Erwachsene voller Hass.

Hinter jedem lebensfrohen Kind steht eine Erzieherin, die ihre Arbeit mit Liebe macht.

Kinder, die man nicht liebt, werden Erwachsene, die nicht lieben.

Kinder sind keine Fässer, die gefüllt, sondern Feuer, die entzündet werden wollen.

Kinderkrankheiten sind in Deutschland erfreulich zurückgegangen … weil es kaum noch Kinder gibt.

Kinderlärm ist Zukunftsmusik.

Ein Kind macht: das Haus glücklicher, die Liebe stärker, die Geduld größer, die Nächte kürzer, die Tage länger und die Zukunft heller.

Wenn meine Kinder irgendwann rauskriegen, dass gar nichts Schlimmes passiert, wenn ich bis drei gezählt habe, bin ich erledigt.

Wussten Sie schon, dass Enkelkinder die dritte Generation sind, deren Erziehung von der zweiten der ersten überlassen wird?

Wenn du nicht weißt, wie du deine Kinder erziehen sollst, frage Leute, die keine Kinder haben. Die wissen es am besten.

Kinn hoch! Alle beide!

Wer sich über das freut, was er hat, hat keine Zeit mehr, über das zu **klagen**, was er nicht hat.

Warum hat mein **Kleider**schrank keinen Keller und keinen Dachboden?

Mach dich nicht so **klein**, du bist nicht so groß.

Wer **klug** geworden ist, muss nicht mehr clever sein wollen.

Klug ist, wer nur die Hälfte von dem glaubt, was er hört. Weise ist, wer erkennt, welche Hälfte die richtige ist.

Wie beginnt das Rezept für Omelett in einem schottischen **Kochbuch**?
„Man leihe sich sechs Eier …"

Warum kochen Männer nicht? Es wurde noch kein Steak erfunden, das in den Toaster passt.

Männer, die kochen, sind unwiderstehlich.

K

Prosecco kaltstellen ist auch irgendwie kochen.

Mütter können nicht ständig die Welt retten, sie müssen auch noch kochen.

Kommunikation ist die Alternative zur Hierarchie.

Es gibt Dinge, für die es sich lohnt, eine **kompromiss**lose Haltung einzunehmen.
Dietrich Bonhoeffer

Arm der Mensch, bei dem der **Kopf** alles ist.

Es gibt Menschen, die stecken den Kopf in den Sand. Sand in den Kopf zu stecken ist aber auch nicht gerade ratsam.

„Bin in der Stadt, etwas gegen Kopfschmerzen kaufen. Schuhe oder so."

Wer zu laut und zu oft seinen eigenen Namen **kräht**, erweckt den Verdacht, auf einem Misthaufen zu stehen.
Otto von Leixner

Die Kunst der Medizin besteht darin, den Patienten zu unterhalten, während Mutter Natur die **Krankheit** heilt.
Voltaire

Gar ned krank is a net g'sund.

Ich feiere krank. Warum feiert man das eigentlich?

Wieso zu Fuß gehen? Hab doch vier gesunde Reifen.

Solange du noch atmest, ist noch mehr gesund an dir als krank.

Experten sind Menschen, die andere daran hindern, den gesunden Menschenverstand zu gebrauchen.
Uwe Fremke

Manche Leute gehen nie zum Tag der offenen Tür, weil sie Angst haben, sich zu erkälten.

Wenn es einem Kranken besser geht, ist das gut. Wenn es ihm gut geht, ist das besser!

Karten zur Genesung sind so witzig geworden, dass man eine Menge Spaß verpasst, wenn man nicht krank wird.

Die Idealmaße eines Mannes: 90 – 60 – 42. 90 Jahre alt, 60 Millionen auf der Bank und 42 Grad Fieber.

Ich bin als **Krawallier** geboren.

Kreativität ist Intelligenz, die Spaß hat.

Das ist keine Unordnung, hier liegen nur überall Ideen herum.

Den Phantasievollen quälen die Möglichkeiten.
Hans Arndt

Warum ist es so schwer für Frauen, aus der **Küche** herauszukommen?
Das liegt an der Herdanziehungskraft.

Mit meiner Jogginghose bin ich ungefähr so oft gejoggt, wie ich mit meiner Küchenrolle durch die Küche gerollt bin.

Die besten Partys finden immer in der Küche statt.

Kuhschatten und Kurschatten werden beide von **Kühen** verursacht.

Auch Männer haben einen **Kühlschrank**, heißt Fußboden.

Und wenn du noch so traurig bist, im Kühlschrank ist immer noch ein Licht für dich.

Wenn du glücklich sein willst, such nicht im Kühlschrank.

K

Was sagt ein Eskimo, der vor dem Kühlschrank steht?
„Jetzt aber rein in die warme Stube!"

„Ich frage mich ja oft, wie Männer ganze Kontinente entdecken konnten. Meiner findet nicht mal die Butter im Kühlschrank."

Wenn man nachts nichts essen soll, warum gibt es dann Licht im Kühlschrank?

Lebens**künstler** ist, wer seinen Sommer so erlebt, dass er ihn noch im Winter wärmt.
Alfred Polgar

L

Läuft bei mir. Zwar rückwärts und bergab, aber läuft.

Mach nicht so **langsam**, ich brauch ein Tempo.

Langweilig ist noch nicht ernsthaft.
Kurt Tucholsky

Mach es den Bäumen gleich. Manchmal muss mal **Lasten** abwerfen, um Kraft zu sammeln und neu aufzublühen.
Carolin Kotthaus

Es gibt Schnee-, Schlamm- und Lava**lawinen**, aber was sind Dachlawinen, und wie sehen die aus?

Man **lebt** nur einmal. Und wenn man's richtig macht, dann reicht das auch.

1. Aufstehen. 2. Überleben. 3. Wieder ins Bett.

Entschuldigung, wenn ich mich etwas ungeschickt anstelle, aber ich lebe zum ersten Mal.

Wenn eine Schraube locker ist, hat das Leben etwas Spiel.

Kaninchen springen und leben acht Jahre. Hunde laufen ständig herum und leben fünfzehn Jahre. Schildkröten sind faul und leben hundertfünfzig Jahre. Lektion gelernt?!

Das Tragische an meinem Leben ist, dass es auf einer wahren Geschichte basiert.

Das Leben geht weiter, auch wenn's humpelt.

Das Leben ist am schwersten drei Tage vor dem Ersten.

Es gibt zwei Arten, sein Leben zu leben: entweder so, als wäre nichts ein Wunder, oder so, als wäre alles eins.

Heute lebe ich – morgen putze ich – vielleicht.

Heute nichts erlebt. Auch schön.

Wenn Sie das Leben kennen, geben Sie mir doch bitte seine Anschrift.
Jules Renard

Das Leben ist nicht verpflichtet, deine Erwartungen zu erfüllen.

Wer glaubt, dass Projektleiter Projekte leiten, der glaubt auch, dass Zitronenfalter Zitronen falten.

Lesen ist Hören mit den Augen.

In meiner Küche herrscht das totale Chaos. Habe das Licht ausgemacht, jetzt geht's.

Das Gesicht des Menschen erkennst du bei Licht, seinen Charakter im Dunkeln.

Immer wenn ich über meinen Schatten springen will, macht jemand das Licht an.

Die **Liebe** ist der Führerschein der Gaben.

Die Liebe hat eine Sechs in Mathe, sie rechnet das Böse nicht zu.

Die Liebe ist eine Gleichung mit zwei Unbekannten.
Gerhard Branstner

Die schönsten Liebesgedichte werden nicht aufgeschrieben. Sie werden gelebt.

Macht brauchst du nur, wenn du etwas Böses vorhast. Für alles andere reicht Liebe, um es zu erledigen.
Charlie Chaplin

Lieber großgemustert als kleinkariert.

Verbringe deine Zeit mit denen, die dich bedingungslos lieben, und nicht mit denen, die dich nur lieben, wenn du ihre Bedingungen erfüllst.

Nicht die Schönheit entscheidet, wen wir lieben, sondern die Liebe entscheidet, wen wir schön finden.

Ich brauch keinen Prinzen, der Drachen tötet, sondern einen, der mich liebt, wenn ich zum Drachen werde.

Für jedes komplexere Problem gibt es eine einfache **Lösung**, und die ist die falsche.
Umberto Eco

Jede Lösung eines Problems ist ein neues Problem.

Wenn das die Lösung ist, hätte ich gern mein Problem zurück.

M

Sollte. Hätte. Könnte. Würde. **Machen!**

Immer wenn ein kleines **Mädchen** sagt, dass es eine Prinzessin sein will, zeige ich ihm ein Bild von Prinz Charles.

Ich gehöre noch zu den **Männern**, die ihre Hemden selbst bügeln – lassen.

Es macht ja keinen Sinn, über die Männer zu jammern. Wir müssen lernen, mit dem vorhandenen Material zu arbeiten.

M

Was versteht ein Mann unter Hausarbeit machen? Sein Bein heben, damit du saugen kannst.

Warum ist ein Mann wie ein Hund? Beide haben eine unbegründete Angst vor dem Staubsauger, und beide misstrauen dem Briefträger.

Wenn ein Mann zurückweicht, weicht er zurück. Eine Frau weicht nur zurück, um besser Anlauf nehmen zu können.

Wann ist die einzige Zeit, in der ein Mann an ein Abendessen bei Kerzenschein denkt? Wenn der Strom ausgefallen ist.

Warum ist der Magnet männlich? Wäre er weiblich, dann wüsste er nicht, was er anziehen soll.

Wie alt ein Mann ist, erkennt man daran, ob er zwei Stufen oder zwei Tabletten auf einmal nimmt.

Wenn ein Mann sagt, er macht das, dann macht er das – da musst du ihn nicht jedes halbe Jahr dran erinnern!

In manchen Ehen ist der Mann der Orientierungssachverständige.

Ein großer Mann ist ein kleiner Mann, der etwas als Erster tut.
Benjamin Franklin

Einen Mann mit Glatze beschäftigt die Frage: Wer ausharrt bis zuletzt – oder wer aushaart bis zuletzt?

Ein stiller Mann ist ein entspannter Mann. Eine stille Frau ist sauer.

Die Frau soll dafür sorgen, dass ihr Mann gerne nach Hause kommt, und er soll dafür sorgen, dass sie ihn nur ungern wieder gehen lässt.

Ein Mann mit einer Überzeugung ist stärker als 99 Leute mit Interessen.
John Stuart Mill

Ein erfolgreicher Mann verdient mehr Geld, als seine Frau ausgibt. Eine erfolgreiche Frau hat so einen Mann.

Männer haben zwar die Hosen an, aber Frauen sagen, welche.

Ein Mann muss tun, was ein Mann tun muss. Und eine Frau wird ihm sagen, was das ist.

Wusstest du, dass sich das Wort „Persönlichkeit" vom griechischen Wort für **Maske** – persona – ableitet?

Wozu sind Nebenwirkungen von **Medikamenten** gut? Damit die Pharmaindustrie Medikamente gegen die Nebenwirkungen verkaufen kann!

Manchmal muss man einfach weg. Egal wohin. Hauptsache ans **Meer**.

Es gibt Menschen, die sich immer angesprochen fühlen, wenn jemand eine **Meinung** ausspricht.
Hans-Christian Andersen

Jeder hat das Recht auf seine eigene Meinung, nicht aber auf seine eigenen Fakten.

In der Beschränkung zeigt sich erst der **Meister**.

Kein **Mensch** will etwas werden – jeder will schon was sein.

Manche Menschen sind wie Teebeutel, man muss sie einfach ziehen lassen.

Bitterer Tee, mit Wohlwollen dargeboten, schmeckt süßer als Tee, den man mit saurer **Miene** reicht.

Arnos freches Sprüche-ABC

Vom **Mond** aus betrachtet spielt das Ganze gar keine so große Rolle.

Verschiebe nichts auf **morgen**, was genauso gut auf übermorgen verschoben werden kann.

Schokolade erreicht Stellen, da kommt **Motivation** niemals hin.

Motorrad fahren ist fast wie fliegen, aber zum Glück nur fast.

Kaffee ist kaputt, bin immer noch **müde**.

Ich wäre gerne abends mal so müde wie morgens.

Eins muss ich meiner Müdigkeit lassen, Kondition hat sie.

Müll kann man nicht trennen. „Müll" ist einsilbig.

Einem Volk, das seinen Müll wäscht, bevor es ihn wegschmeißt, ist alles zuzutrauen.

Ist es wirklich wegweisend, das Volk der Dichter und Denker zu einem Volk von Müllsortierern umzuerziehen?

Um die Nachbarn im Dorf so richtig in Panik zu versetzen: einfach mal die Mülltonne am falschen Tag auf die Straße stellen.

Ich wünsche dir, dass du nicht immer nur müssen musst, sondern öfter wollen darfst.

Über **Musik** zu reden ist wie über Architektur zu tanzen.
Frank Zappa

Meine Nachbarn hören gute Musik, ob sie wollen oder nicht.

Das Wichtigste in der Musik steht nicht in den Noten.

Beim Rückwärtseinparken mache ich immer die Musik leiser, sonst sehe ich nichts.

An den BMW-Fahrer hinter mir: Ich bin eine **Mutter**, ich habe seit Jahren gelernt, quengeln zu ignorieren.

Wenn bei jemandem die Schraube locker ist, liegt es meistens an der Mutter.

Omas sind wie Mamas, nur mit Puderzucker.

Die Kurzform von Mach ma? Mama!

Eine Mutter ist der einzige Mensch auf der Welt, der dich schon liebt, bevor er dich kennt.

Angesichts von über 200 000 Abtreibungen im Jahr muss man davon ausgehen, dass der Mutterleib der gefährlichste Ort in Deutschland ist.

Wenn die Großmutter vollkommen sein soll, muss sie eine kleine Dosis Leichtsinn enthalten.
Marie von Ebner-Eschenbach

Keiner bewegt sich. Mutti hat geputzt.

N

Manchmal stehe ich am Rande eines **Nervenzusammenbruchs** und denke: Eigentlich könnte ich mich auch setzen.

Mich muss man sich nervlich erstmal leisten können!

Wann wird endlich der **Niagarafall** gelöst?

Ich habe mit **nichts** begonnen, und das meiste habe ich noch.

Nix ist überraschender … denn gerade, wenn man sich nix wünscht, kann man sich über nix so sehr freuen wie über nix.

O

Männer essen kein **Obst**. Männer essen Fruchtfleisch.

Heute Abend gibt es Obstsalat. Vor allem Trauben. Okay, nur Trauben. Fermentierte Trauben. Na gut, Wein. Es gibt Wein!

Solange Kakaobohnen an Sträuchern wachsen, ist Schokolade Obst für mich.

An der **Oder** wird's kalt, oder?

Ein **Onkel**, der Gutes mitbringt, ist besser als eine Tante, die bloß Klavier spielt.

Rosa ist das Grau der **Optimisten**.

Die wahren Optimisten sind nicht überzeugt, dass alles gut gehen wird, aber sie sind überzeugt, dass nicht alles schiefgeht.

Ordnung ist das halbe Leben. Ich lebe in der anderen Hälfte.

Manche Leute suchen einen wunderschönen **Ort**, andere machen einen Ort wunderschön.

Ich habe jeden Tag **Ostern**. Ich suche immer irgendwas.

P

Der **Pessimist** sagt: „Ich werde eines Tages sterben. Natürlich – das kann auch nur mir passieren."

Wir hatten früher keine **Piercings**. Wir haben uns Ahorn-Nasen ins Gesicht geklebt.

Zehn **Pizzen** isst ein Mensch im Jahr durchschnittlich. Ich bin also fünf durchschnittliche Menschen.

Wer **Plastik** kennt, kauft Eisen.

Adenauer wird gefragt, wer die besten **Politiker** seien: „Ich, Kennedy!"

Wer in der Demokratie schläft, muss aufpassen, dass er nicht in einer Diktatur aufwacht.

In der Politik darf man nicht versuchen, mit dem Kinn eine Faust k. o. zu schlagen.
Sven Olof Palme

Eine Regierung ist so schlecht, wie die Bürger es zulassen, und so gut, wie die Bürger es erzwingen.
Pierre Salinger

Political Correctness ist eine moderne Form der Folterung.

Wenn der **Polizist** „Papiere“ sagt und ich „Schere“ antworte, habe ich dann gewonnen?

Wenn es Ihnen zu heiß ist, gehen Sie doch zur Polzei und lassen sich beschatten.

Wenn du mal **Probleme** brauchst, ich bin immer für dich da.

Wenn jemand ein Problem mit mir hat, kann er es behalten. Es ist ja schließlich seins.

Die Midlife-Crisis ist die zweite **Pubertät**.

Eine Bekannte hilft uns beim **Putzen**. Sie fragt nach unserer „Philosophie des Putzens“. Meine Antwort: „Es muss nicht unbedingt sauber sein, es reicht, wenn es nicht mehr dreckig ist.“

Frauen sind einfach. So einfach wie ein fünftausendteiliges **Puzzle**. Motiv „Blauer Himmel".

Jeder dritte Zwölfjährige **raucht**, der Rest ist bereits zu besoffen, die Packung aufzumachen.

„Das finde ich aber toll, dass Sie mich zum Rauchen auf die Veranda schieben, so komme ich wenigstens mal an die frische Luft", sagt der ältere Mann im Rollstuhl zum Pflegepersonal.

Ich rauchte gerne!

Willst du **recht** behalten oder glücklich sein? Beides geht nicht.

Wer immer auf sein Recht pocht, bekommt wunde Finger.
Volker Schlöndorff

Es geht um die Stärke des Rechts, nicht um das Recht des Stärkeren.

Wenn du versuchst, es allen recht zu machen, dann hast du mit Sicherheit immer einen vergessen: dich.
Hermann Scherer

Die meisten Menschen wenden mehr Zeit und Kraft daran, um die Probleme herumzureden, als sie anzupacken.
Henry Fonda

Wir Frauen **reden** nur so viel, um Luft abzulassen. Weil wir ja nicht pupsen.

Männer können trinken, ohne Durst zu haben. Frauen können reden, ohne ein Thema zu haben.

Einige Menschen halten mich für arrogant. Ich frage mich, woher die das wissen wollen. Ich rede nicht mal mit denen.

Ein Egoist ist ein Mensch, der nur zuhört, wenn er selbst redet.
Arno Sölter

Ohne **Regen** gibt es auch keinen Regenbogen.

Ich freue mich, wenn es regnet. Denn wenn ich mich nicht freue, regnet es auch.
Karl Valentin

Zufrieden sein ist die kleine Schwester des Glücksgefühls. Was braucht es dazu? Vor allem zwei Dinge:
Dankbarkeit für das, was man besitzt, und das

Bemühen, auch einem Regenschauer etwas Positives abzugewinnen.

Kann die Wettervorhersage nicht mal Geldregen vorhersagen?

Die Kunst zu leben besteht darin, zu lernen, im Regen zu tanzen anstatt auf die Sonne zu warten.

Der Edle benutzt seinen **Reichtum**, um sein Leben zu gestalten. Der Niedrigdenkende benutzt sein Leben, um zu Reichtum zu gelangen.

Das Gegenteil von Armut ist nicht Reichtum, sondern Würde.

Genügsamkeit ist natürlicher Reichtum, Luxus ist künstliche Armut.

Wenn du einen Menschen glücklich machen willst, dann füge nichts seinem Reichtum hinzu, sondern nimm ihm einige von seinen Wünschen.
Epikur

Wäre die **Rente** ein Medikament, würde sie wegen der Nebenwirkungen vom Markt genommen.

Zwei Rentner sitzen im Park auf der Bank. Sagt der eine zum anderen: „Hey, ich habe ein neues Hörgerät, das ist spitze. Ich kann jetzt wieder alles hören!" – „Ach, was hat es denn gekostet?" – „Halb vier!"

Bestellt ein Hase zu Ostern im **Restaurant** wirklich Jägerschnitzel?

Es gibt ein Restaurant, da kann man keinen Tisch bestellen, muss sich das Essen selbst holen und sogar mit den Händen essen: McDonalds.

Wann wird endlich der Tisch geliefert, den ich im Restaurant bestellt habe?

In den mittleren Jahren ist man angekommen, wenn einem romantischer Kerzenschein zum Abendessen im Lokal weniger wichtig ist als ein Lampenlicht, bei dem man die Speisekarte lesen kann.
Sydney J. Harris

Da will man mal in **Ruhe** putzen, und was passiert? Keine Lust!

Eine ruhige See bringt keinen guten Seefahrer hervor.

Ruhm ist ein Gift, das der Mensch nur in kleinen Dosen verträgt.
Honoré de Balzac

S

Wer nichts **sät**, sieht nichts.

Letzte Woche war mein Haus **sauber**, schade, dass du es nicht gesehen hast.

Gehört nicht gerade in **S-Bahnen** ein Speisewagen?

Schädlich ist, wer vergisst, was schädlich ist.

Das **Schönste** an Gießen ist Marburg.

Rettet die Erde, sie ist der einzige Planet mit **Schokolade**!

Stark ist, wer eine Tafel Schokolade in vier Teile brechen und dann nur ein Stück davon essen kann.

Schokolade fragt nicht. Schokolade versteht.

Vielleicht macht Schokolade gar nicht dick, und es ist doch das Leitungswasser?!

Ich habe eben die ganze Tafel Schokolade gegessen, die musste weg, die war schon ganz braun.

„Hast du die Schokolade gesehen?" – „Ja, kurz."

Man hat nie zu viele **Schuhe**, sondern nur zu wenig Schrank.

Nein, ich habe keinen Besuch, das sind alles meine Schuhe.

Die Schuhgeschäfte bieten so viel an, dass für manche Frauen die Auswahl zur Ausqual wird.

Respektiere deine Eltern! Sie haben die **Schule** ohne Google geschafft.

Als es am zweiten Schultag keine Schultüte gab, wussten wir, dass man uns reingelegt hatte.

Wenn einer ständig **schwarzmalt**, sollten wir ihm dann nicht Buntstifte schenken?

Erst wenn die **Schweine** fett sind, werden sie genossen.

Man muss sich beeilen, wenn man etwas **sehen** will, alles verschwindet.

Wenn du glaubst, schon wer zu **sein**, dann hast du aufgehört, jemand zu werden.

Jeder kann bei mir ein T-**Shirt** in jeder erdenklichen Farbe bekommen. Hauptsache, es ist schwarz.

S

Arnos freches Sprüche-ABC

Wenn nichts **sicher** ist, ist alles möglich.

Das meiste, was an uns, um uns und in uns ist, besteht nur aus einer **Silbe**: Kopf, Ohr, Bein, Haut, Haar, Mund ...

Versuche nie, einem Schwein das **Singen** beizubringen. Damit verschwendest du nur Zeit, und das Schwein ärgert sich.

Schiebe nicht Wolken von morgen über die **Sonne** von heute.

Bald kommen bessere Tage. Sie heißen Samstag und **Sonntag**!

Ich fühle mich krank, ich glaube, ich habe Montag.

Bisher ist nur bekannt, dass morgen Montag ist. Über das gesamte Ausmaß der Katastrophe lässt sich zu diesem Zeitpunkt noch nichts sagen.

Zu früh, zu kalt, zu Montag.

Die größten **Sorgen** habe ich mir oft über die Dinge gemacht, die hinterher nicht eingetreten sind.
Sven Hedin

Sorgen sind wie ein Schaukelstuhl. Sie halten uns in Bewegung, bringen uns aber kein Stück vorwärts.

Wir hätten früher damit aufhören sollen, „**später**" zu sagen.

Die „gefallene" Natur versteht gar keinen **Spaß**, sie ist immer wahr, immer ernst, immer streng; sie hat immer „recht" und kennt keine Gnade.

Warum ist geteilte Freude doppelte Freude, geteiltes Leid aber nur halbes Leid? Weil die ganze Teilerei sonst nur ein Viertel so viel Spaß machen würde.

Nichtstun macht nur dann Spaß, wenn man eigentlich viel zu tun hätte.

Lieber Zwerchfell-Gymnastik als gar kein **Sport**.

Ich mache sehr gerne Sport. Deshalb auch so selten. Es soll ja was Besonderes bleiben.

Der ist ein guter Freund, der hinter unserem Rücken gut von uns **spricht**.

Ich habe die Explosiv-Rechte auf meine Sprüche.

Geht der Meeresspiegel kaputt, wenn man in See **sticht**?

Stiftung Warentest hat jetzt Messer getestet. Die haben am besten abgeschnitten.

Besser auf neuen Wegen ab und an stolpern, als auf alten Pfaden auf der Stelle zu treten.

Wenn ich mich auf der **Straße** so umschaue, kam der Sommer im Durchschnitt sechs Kilo zu früh.

Wenn jemand mit dir **streiten** will, einfach Kekse essen. Die schmecken gut und man hört nichts mehr.

Lauch**suppe** ohne „L" ist Auchsuppe.

T

Ein schlechter **Tag** in New York ist immer noch besser als ein guter Tag sonst irgendwo.

Der 1. April ist der Mario Barth der Tage.

Die besten Tage sind die, an denen du nichts geschafft hast, außer dir Zeit zu nehmen.

Man soll alle Tage wenigstens ein kleines Lied hören, ein gutes Gedicht lesen, ein treffliches Gemälde sehen und, wenn es möglich zu machen wäre, einige vernünftige Worte sprechen.

Tempo-Taschentücher sind jetzt in Behörden verboten worden, weil sie bei einigen durch das Tempo Burn-out auslösen.

Theoretisch kann ich praktisch alles.

Die Lebenserwartung steigt. Was hilft das, wenn die **Tod**eserwartung nicht sinkt?

Beim Lesen der Todesanzeigen wird man belehrt, dass nur engelsgleiche Wesen diese Welt verlassen.
Hans Arndt

Beerdigung ist der ultimative Tapetenwechsel.

Eigentlich bin ich froh, dass ich nichts mit ins Grab nehmen kann. Das ist die einzige Art, den ganzen Krempel loszuwerden.

Nur 24,8 % der Leute sterben außerhalb von zu Hause. Es ist also ratsam, sich nicht zu lange daheim aufzuhalten.

Hohle **Töpfe** haben den lautesten Klang.
William Shakespeare

Leider erleben wir das immer mehr, dass diejenigen **Toleranz** fordern, die selber am wenigsten tolerant sind und dabei den angeblichen „Gegnern“ das Wort im Munde verdrehen.

Toleranz wird immer stärker ein Kampfbegriff gegen Wahrheit.

Gleichgültigkeit ist die mildeste Form der Intoleranz.

Schau mich nicht in diesem **Ton** an!

Wer **Tränensäcke** hat, muss aufpassen, dass das Finanzamt keine Wasseruhr einbaut.

Auch der schönste **Traum** endet mit dem Erwachen.

Mach deine Stolpersteine zu **Treppenstufen**.

Wer ständig versucht, sich immer alle **Türen** offen zu halten, wird sein Leben auf dem Flur verbringen.

Es gibt zwei Worte, die dir im Leben viele Türen öffnen werden: ZIEHEN und DRÜCKEN.

Wenn es ganz leise an deine Türe pocht, öffne – es könnte das Glück sein. Wenn es laut klopft, sei sicher, es sind Verwandte.

Wenn du immer das **tust**, was du immer schon getan hast, dann wirst du immer nur das bekommen, was du schon immer bekommen hast.

U

Nirgends wird man so beschissen wie **überall**.

Überlegen macht überlegen.

Wie viel **Unheil** allein durch Nichtstun verhindert werden kann.

Urlaub könnte ich hauptberuflich machen.

V

Vater zu seinem 30-jährigen Sohn: „Was habe ich damals eigentlich alles falsch gemacht?"
Sohn: „Du wolltest alles richtig machen."

Einen Superhelden ohne Umhang nennt man Papa.

Kann man das essen oder ist das **vegan**?

Männer mit Vollbart früher: „Welchen Baum soll ich fällen?!" Männer mit Vollbart heute: „Ist diese Pflegelotion vegan?"

Ein veganer Porschefahrer stößt weniger vom Treibhausgas Methan aus als ein fahrradfahrender Fleischesser.

Das Wort **Vegetarier** kommt aus dem Indianischen und heißt so viel wie „Zu blöd zum Jagen".

Ist Saft vegetarisch, wenn er Fruchtfleisch enthält?

Was haben Vegetarier im Bauch, wenn sie verliebt sind?

Ich werde demnächst einige **Veränderungen** in meinem Leben vornehmen. Wenn du nichts mehr von mir hörst, warst du eine davon.

Sagt er: „Ach Susi, wenn ich Fußball gucke, v**ergesse** ich alles!" Sagt sie: „Ich heiße Nicole."

Drei Sachen vergesse ich meistens, und zwar Namen, Zahlen und … noch irgendwas.

Sage es mir, und ich werde es vergessen. Zeige es mir, und ich werde es vielleicht behalten. Lass es mich tun, und ich werde es lernen.

Ein Vergesslicher hat viele Glücksmomente … wenn er etwas findet.

„Warum sagst du ständig Schatz zu deiner Frau?" – „Ich kann mir Namen doch so schlecht merken."

Kämpfe erst, wenn du stark genug bist, **verlieren** zu können.

Ich habe mit nichts angefangen und das meiste verloren.

Wenn der Mensch so viel **Vernunft** hätte wie Verstand, wäre alles viel einfacher.
Linus Pauling

Ich **verstehe** nicht, warum eine schwarze Kuh, die grünes Gras frisst, weiße Milch produziert, aus der man gelbe Butter macht.

Mit Waffen aus Europa werden in Afrika **Volkstrauertage** produziert.

W

Man hat immer die **Wahl**: drei Stunden aufräumen oder fünf Minuten schämen.

Wählen ist wie Zähneputzen: Wer es nicht tut, muss sich nicht wundern, wenn alles braun wird.

Man kann die **Wahrheit** untertauchen, aber nicht ertränken.

Man soll die Wahrheit mehr als sich selbst lieben, aber seinen Nächsten mehr als die Wahrheit.
Romain Rolland

Überzeugungen sind oft die gefährlichsten Feinde der Wahrheit.
Friedrich Nietzsche

Man muss nicht immer die Wahrheit sagen. Aber wenn man was sagt, sollte man immer die Wahrheit sagen.

Hausfrauen-Tipp: Sollte Wäsche beim **Waschen** nicht weiß werden, könnte es sich um Buntwäsche handeln.

Im Zeitalter des Wassermanns wird alles verwässert.

Wie sortieren Männer ihre Wäsche? In zwei Stapel: „dreckig" und „dreckig, aber tragbar".

Warum machen Männer keine Wäsche? Weil die Waschmaschine und der Trockner nicht per Fernbedienung funktionieren.

Wenn ein Mann einen Stapel Teller in einer Stunde abwaschen kann, wie viele Stapel Teller können vier Männer in zwei Stunden abwaschen? Keinen. Sie setzen sich zusammen und schauen im Fernsehen Fußball.

Auch aus Steinen, die einem in den **Weg** gelegt werden, kann man etwas Schönes bauen.

Die ideale Partnerin hat an **Weihnachten** Geburtstag und wünscht sich NIX.

Mit den Weihnachtseinkäufen warten Männer bis Heiligabend. Aber die Fußballkarten kaufen sie sechs Monate im Voraus.

Lieber Weihnachtsmann, ich will ALLES!

Mal wieder kein Schnee, grüne Weihnachten überall. Nicht zu glauben, wie sich die Öko-Lobby überall durchsetzt.

Bin heute mit dem falschen **Wein** aufgestanden.

Ich trinke Glühwein von glücklichen Glühen.

Der Rheinländer an sich **weiß** nichts – kann aber alles erklären.
Hanns-Dieter Hüsch

Mir reicht, dass ich weiß, dass ich könnte, wenn ich wollte.

Es ist nicht genug zu wissen, man muss auch anwenden; es ist nicht genug zu wollen, man muss auch tun.

Wenn dich deine Frau wütend mit „Weißt du was mir nicht passt!?" anschreit, ist „Größe 36" nicht die richtige Antwort.

Der **Wert** eines Wertes wird daran gemessen, wie viel er mir wert ist.

Es gibt kein Unwetter, sondern nur **Wetter**. Es gibt kein Unkraut, sondern nur Kraut. Es gibt keinen Unhold, sondern nur Hold?

Die Wege des geringsten **Widerstandes** sind nur am Anfang asphaltiert.

Wer nicht kann, was er **will**, muss wollen, was er kann.

Wie lange kriegt man für einen **Winter**einbruch? Oder gibt's Bewährung?

Ein wenig **Wissenschaft** trennt uns von Gott.
Viel Wissenschaft bringt uns Ihm näher.
Louis Pasteur

Wissenschaft ist der aktuelle Stand des Irrtums.

Der Atheismus ist kein Ergebnis der Wissenschaft, sondern der Philosophie.

Ruft jemand bei der Direktion vom Porzellanhersteller **WMF** an und fragt, wann denn das Spülmaschinen-Fest beginne. „Welches Spülmaschinen-Fest denn?!" – „Ja, bei Ihnen steht doch unter jeder Tasse spülmaschinenfest, aber leider ohne Datum."

Wohlstand ist das Durchgangsstadium von der Armut zur Unzufriedenheit.
Helmar Nahr

Das Geheimnis einer sauberen Wohnung? Männer und Kinder müssen draußen bleiben.

Welche drei kleinen **Worte** kommen einem Mann in den Sinn, wenn seine Frau von einem romantischen Film gerührt ist? „Gib mir Popcorn."

Wer dein Schweigen nicht versteht, versteht deine Worte auch nicht.

Z

Der Körper spürt mehr, als Worte fühlen lassen.

Hier bin ich. Was waren deine anderen zwei **Wünsche**?

„Drei **Würstchen** für 50 Cent." „Nee." „Doch." „Nee." „Doch." „Nee." „Doch." „Lass mal probieren!" „Nee." „Doch." „Nee." „Doch." „Nee." „Doch."

Ein verwirrter Tourist fragt in der **Wüste** einen Beduinen: „Können Sie mir den Weg zur nächsten Oase sagen?" – „Immer geradeaus, und am Mittwochmittag dann links ab."

Z

Lache, solange du noch **Zähne** hast.

Ein kratzbürstiges Weib ist der beste **Zaun** ums Haus.

Genieße deine **Zeit**, denn du lebst nur jetzt und heute. Morgen kannst du gestern nicht nachholen und später kommt früher, als du denkst.

Ich wache jeden Morgen um neun Uhr auf und greife nach der Morgen**zeitung**. Dann schaue ich

die drei oder zwanzig Seiten durch. Falls mein Name nicht zu sehen ist, stehe ich auf.
Harry Hershfield

Wer einen Misserfolg nur als kleinen Umweg betrachtet, verliert nie sein **Ziel** aus den Augen.

Zufrieden sein bedeutet nicht, alles zu haben, sondern das Beste aus allem zu machen.

Nur wer bei sich selbst **zu Hause** ist, kann jemanden einladen.

Die **Zukunft** wird abgesagt mangels Beteiligung.

ARNOS FROMMES SPRÜCHE-ABC

B

Von hundert Menschen liest einer die **Bibel**.
99 lesen die Christen.

Die Bibel ist kein Buch mit sieben Siegeln, sondern ein Buch mit sieben Spiegeln.

Die beste Bibelübersetzung verdanke ich meiner Mutter. Sie übersetzte die Bibel in das Leben.
John Thiessen

Geht die Autorität der Bibel verloren, geht die Wahrheit verloren. An ihre Stelle tritt die Meinung der Mehrheit über den Glauben.

Gottes Wege sind unergründlich. Noch rätselhafter sind die Sackgassen seines **Bodenpersonals**.

C

Ich bin Vollgas-**Christ**.

D

Ich bin der **Dicke** aus 3. Mose 3,16: „Alles Fett gehört dem Herrn."

Als Gott uns aus Staub, Dreck und Erde erschuf, machte er sich an uns die Hände **dreckig**.

Die Welt **dreht** sich um Gott, nicht um mich.

Nur echte **Engel** sind schwindelfrei.

Wir können die Engel nicht sehen, aber es genügt, dass sie uns sehen.
Charles Haddon Spurgeon

Jesus ist ein **Enttäuschungskünstler**.

Wir brauchen eine **Erweckung** und eine Erschreckung.

Lieber heute als Idiot bezeichnet werden, als in der **Ewigkeit** einer zu sein.

Wir können nicht wissen, was der morgige Tag bringt, aber wir können wissen, was die Ewigkeit bringen wird.

F

Gott ist **farbenblind** – er liebt und denkt multikulturell.

Wenn Gott gewollt hätte, dass Frauen putzen, dann wäre der Staub so bunt wie Konfetti.

Ich predige **fruchttheologisch**.

G

Eine fromme Sportart? Boxen. Schließlich ist **geben** seliger als nehmen.

Als Kind Gottes ist **Gebet**, wie jeden Tag zu Hause anzurufen.

Gebet ist nicht alles. Aber ohne Gebet ist alles nichts.

Mut ist Angst, die gebetet hat.
Corrie ten Boom

Wenn du besorgt bist, hast du nicht gebetet. Wenn du gebetet hast, bist du nicht besorgt.

Warum heißt es Gebet, wenn ich mit Gott rede, aber Psychose, wenn Gott mit mir redet?

Warum sprechen viele Christen eigentlich so leise, wenn sie laut beten?

Was Gott dir **gegeben** hat, kann dir niemand nehmen, aber was Gott dir nicht geben will, kannst du dir auch nicht nehmen.

Ein Christ fragt einen Juden: „Warum beantwortet ihr alle Fragen mit einer **Gegenfrage**?" – „Na, warum nicht?"

In manchen **Gemeinden** geht es so eisig zu, dass man im Mittelgang Schlittschuh laufen könnte.

In einer Gemeindeversammlung: „Es ist schon alles **gesagt**, nur noch nicht von jedem."

Man kann nicht nichts **glauben**, denn wenn man es täte, würde man nicht nichts glauben.

Einige Dinge muss man glauben, um sie sehen zu können.

Glauben ist wie fliegen, nur ohne Flügel.

Meinst du noch oder glaubst du schon?

G

Wir sollen glauben, obwohl wir nicht sehen. Und wenn wir glauben, werden wir immer mehr sehen.

Ich könnte mir vorstellen, dass ein Mensch auf die Erde hinabblickt und behauptet, es gebe keinen **Gott**; aber es will mir nicht in den Sinn, dass einer zum Himmel aufschaut und Gott leugnet.
Abraham Lincoln

Was Gott an und für sich ist, wissen wir so wenig wie ein Käfer weiß, was ein Mensch ist.
Ulrich Zwingli

DU KANNST MICH MAL ... im **Gottesdienst** besuchen!

Gottesdienst: Fitness-Studio für den inneren Menschen.

Je weniger **Gottesfurcht**, desto mehr Heidenangst.

H

Jedes Jahr ist ein **Hallelujahr**.

Ein Christ ohne **Hauskreis** ist wie eine Party ohne Gäste.

Im Himmel gibt's kein Deutschland, nur **Heiland**.

Wenn's dir draußen zu **heiß** ist, dann geh doch in die Kirche.

Ein gottgelassenes **Herz** muss lachen.
Meister Eckhart

Gott ist deine Fassade so ziemlich egal. Es geht ihm um dein Herz.
Tilo Reichold

Gottes Herz braucht uns nicht als Herz-Schrittmacher.

Wer sich im **Himmel** auskennt, der kommt auch auf der Erde zurecht.

Himmel ist da, wo Gott zum Zug kommt.

Wenn der Himmel in dein Herz kommt, kommt dein Herz in den Himmel.
Phil Bosmans

Täglich eine halbe Stunde auf Gott zu **hören** ist wichtig, außer, wenn man sehr viel zu tun hat. Dann ist eine ganze Stunde nötig.

I

Ich, ich, meiner, mir – Herr, segne diese vier.

Mein Ich weiß alles besser, aber ich will üben, mich von dem Besserwisser Jesus korrigieren zu lassen, auch wenn ich mal wieder alles besser zu wissen meine.

Wäre Gott nicht, ich könnte im Leben nichts Lohnenderes erblicken, als in diesem **Irrtum** zu leben – er wäre. Dieser Irrtum wäre größer als alle Wahrheiten und Wirklichkeiten.
Jochen Klepper

J

Wir wurden geboren, um zu leben. **Jesus** wurde geboren, um zu sterben.

Joggen ist unbiblisch. In der Bibel heißt es unmissverständlich: „Nur der Gottlose rennt, wenn ihn keiner jagt." (Sprüche 28,1)

Alle werden alt. Nur Christen werden **Jünger**. Oder Älteste.

K

Wer menschliche Bestätigung für die Bibel sucht, ist wie jemand, der im hellen Sonnenlicht um eine **Kerze** bittet.

Wo Gott draufsteht, ist oft nur **Kirche** drin.

Der Kirchentag ist wie eine Wallfahrt nach Mekka. Der Unterschied: Alle kommen lebend nach Hause.

Die, die in die Kirche gehen, sind die Schlimmsten, deshalb gehen sie ja in die Kirche. Wenn du nicht in die Kirche gehst, weißt du gar nicht, wie schlimm du bist.

Sei kindlich abhängig von Gott und **königlich** unabhängig von Menschen.
Eva von Thiele-Winkler

Für Christen ist der privilegierte Ort der Selbsterkenntnis und Gnade die Begegnung mit Jesus am **Kreuz**.

Man kann nicht immer die **Krone** der Schöpfung sein, manchmal reicht es nur zur Bommelmütze.

L

Ostern ist das Gegenteil von Western: **Leben** oder Tod?

Das **Leid** in der Welt beweist nicht, dass Gott abwesend ist, sondern dass wir uns von ihm abgewendet haben.

Die Frage ist nicht, warum Gott Leid zulässt, das Menschen sich gegenseitig zufügen, sondern warum Menschen sich gegenseitig Leid zufügen, obwohl Gott ihnen die Möglichkeit gibt, es nicht zu tun.

Die Gaben helfen uns zu tun, was ein Christ tun soll. Die **Liebe** hilft uns zu sein, was wir sein sollen.

Du brauchst nicht die ganze Welt zu lieben. Nur deinen Nächsten. Das reicht.

Wenn Gott wissen will, wie sehr ich ihn liebe, dann fragt er meine Nachbarn.

Ich bin Lokführer – erst **locke** ich die Menschen mit Jesus, dann führe ich sie zu ihm.

Alle Welt merkte auf, als **Luther** 1642 seine 95 Prothesen an die Schlosskirche zu Wittenberg schlug.

M

„Perfekte **Männer** gibt's an jeder Ecke", sagte Gott – und formte die Erde rund.

Gott und ich, wir zusammen sind immer in der **Mehrheit**!
Teresa von Avila

Mission ist die absichtslose Werbung für die Schönheit eines Lebenskonzeptes.

P

Warum küsst der **Papst** nach jedem Flug die Erde? Das versteht nur jemand, der schon mal mit Alitalia geflogen ist.

Jesus war der größte **Perfektionist**, aber er besaß die Größe und Barmherzigkeit, mit Unperfekten tiefste Gemeinschaft zu pflegen.

Eigentlich sollte ich mich schämen, Gott mit meiner **Person** zu behelligen. Aber seltsam, ich fühle, dass Gott sich mit mir beschäftigt.
Karl Gutzkow

Der Herrgott hat mehr **Phantasie** als die Menschen Schubladen.

Gefragt ist der mündige **politische** Christ, nicht der politisierende Hirte.
Martin Grichting

Erzähl Gott nicht, wie groß deine **Probleme** sind, erzähl deinen Problemen, wie groß Gott ist.

R

Wenn du für **Regen** betest, vergiss den Regenschirm nicht.

Gott baut keine **Reihenhäuser**.

S

Sagt Fritz zu Max: „Ich war so **schockiert**, dass du in der Kirche geraucht hast, dass mir fast die Bierflasche aus der Hand gefallen wäre."

Die **Schöpfung** ereignete sich in aller Herrgottsfrühe.

Die Gurkenkrümmungsverordnung der Europäischen Union füllt ganze Bände. Gott reichen zehn Sätze, um Schöpfung und Geschöpfe zu regeln.

Gott, vergib mir meine **Schuld**, meine Gläubiger weigern sich.

Herr, vergib mir meine **Schuldunfähigkeit**.

Ich **sehe** was, was du nicht siehst, und das ist Gott.

Gott, der mitten in der Nacht eine schwarze Ameise auf einem schwarzen Stein sieht, sieht auch dich.

Gib der Seele einen **Sonntag** und dem Sonntag eine Seele.
Peter Rosegger

Lieber Hände falten als **Sorgenfalten**. (1. Petrus 5,7)

Leute, die immer schreien: „Füttere mich, ich brauche mehr Lehre", fordern im Grunde eine Secondhand-**Spiritualität**.

Wer in den Himmel will, muss erst mal **sterben**.

Du bist **sündiger**, als du je geahnt hast – und geliebter, als du je gehofft hast.
Timothy Keller

Das Gewissen hindert uns nicht, Sünden zu begehen. Aber es hindert uns, die Sünden zu genießen.
Salvador de Madariaga

T

Es gibt Lutheraner, die sind ge**tauft** und weihnachtsevangelisch.

Wenn der Gärtner schläft, pflanzt der **Teufel** Unkraut.

Am Reformationstag gedenken wir der 95 Opfer des **Thesenanschlags**.

Warum wir kein **T-Shirt** tragen sollten, bei dem Baumwolle und Polyester gemischt werden? Ganz einfach: „Meine Satzungen sollt ihr halten … besäe dein Feld nicht mit zweierlei Samen und lege kein Kleid an, das aus zweierlei Faden gewebt ist."
(3. Mose 19,19)

V

Der Spötter Heinrich Heine soll auf seinem Sterbebett gesagt haben: „Gott wird mir **vergeben**. Das ist sein Beruf."

W

Die **Wahrheitsfrage** wird zunehmend in Liebeslyrik aufgelöst.
Ulrich Parzany

Ein Leben ohne Gott ist wie ein Ozean ohne **Wasser**.

Jesus macht aus Wasser Wein. Der Mensch macht aus Wein Wasser.

Der Schwimmer Michael Phelps holte bei Olympischen Spielen 21 Goldmedaillen – der Letzte, der Wasser so beherrscht hat, war Mose.

Ist es nicht erstaunlich, dass die meisten Menschen an **Weihnachten** die Geburt des Richters feiern, der sie verdammen wird?

Rechte **Weisheit** besteht darin, dass man versucht, die Dinge mit den Augen Gottes zu sehen.
Paul Le Seur

Der liebe Gott **weiß** alles – die Nachbarschaft noch mehr.

Man muss von dem Grundsatz ausgehen, dass Wissen und Glauben nicht dazu da sind, einander aufzuheben, sondern einander zu ergänzen.

Es ist **wissenschaftlich** festgestellt worden, dass der Mensch über Wasser laufen kann. Es kommt nur auf die Außentemperatur an.

Wir leben auf einem blauen Planeten, der sich um einen Feuerball dreht, mit einem Mond, der die Meere bewegt – und du glaubst nicht an **Wunder**?

Z

Mach dir den Himmel zum **Ziel**, und du bekommst die Erde dazugeschenkt. Mach dir die Erde zum Ziel, und du verlierst beides.
C. S. Lewis

„Frau Ida, Sie haben wirklich viele Glaubenszweifel. Haben Sie denn mit unserem Pfarrer gesprochen?" – „Ach, nein, die **Zweifel** kamen ganz von alleine."

Ein Mensch erschien vor dem Gericht des Herrn. „Lieber Gott, ich habe dein Gesetz beachtet, habe nichts Unredliches, nichts Böses oder Frevelhaftes getan. Herr, meine Hände sind rein." – „Ohne Zweifel", antwortete ihm Gott, „doch sie sind leer."
Roaul Follereau

Glaube und Zweifel sind keine Gegensätze. Sie sind perfekte Tanzpartner.
Rob Bell

Wie heißt ein Bumerang, der nicht zurückkommt? – Stock

Doofe Frage, doofe Antwort ...

Wie heißt Bob, der Baumeister, wenn er keinen Job mehr hat?
Bob

Was ist ein Brettspiel für eine Person?
Bügelbrett

Warum sollte man nicht nur auf das Äußere eines Menschen schauen?
Auch Salz sieht aus wie Zucker.

Was liegt am Strand und redet undeutlich?
Eine Nuschel

Und was liegt am Strand, redet undeutlich und hat auch noch schlechte Laune?
Eine Miesnuschel

Wie heißt ein Bumerang, der nicht zurückkommt?
Stock

Wie trainieren Männer am Strand?
Indem sie jedes Mal den Bauch einziehen, wenn sie einen Bikini sehen.

Was sagt ein großer Stift zum kleinen Stift?
Wachsmalstift

Wie heißt die Hauptstadt der USA, New York oder Yew Nork?
Washington

Woran erkennt man einen Quadfahrer im Winter?
An den Eiszapfen am Ellenbogen

Wie nennt man einen kochwütigen Chinesen?
Wokaholik

Was versteht man unter einem viel befahrenen Autobahnkreuz?
Nichts, es ist viel zu laut.

Was ist der Unterschied zwischen einem Beinbruch und einem Einbruch?
Nach einem Beinbruch muss man liegen, nach einem Einbruch sitzen.

Wie nennt man einen Zeugen Jehovas auf Chinesisch?
Ding Dong

Was ist ein Keks unter einem Sonnenschirm?
Ein schattiges Plätzchen

Raupe müsste man sein: fressen, schlafen, fressen, schlafen, fressen, schlafen. ZACK! SCHÖN!

Tierisches

Seit den Ferien weiß ich, warum manche Tierarten ihre Jungen fressen.

Der fette Vogel bricht den Ast.

Es gibt Katzen, die bekommen eine Gänsehaut, wenn sie daran denken, sich für andere zum Affen zu machen.

Ein Ehepaar sitzt abends vor dem Fernseher und schaut sich eine Tiersendung an.
Sie zu ihm: „Du Schatz, findest du auch, dass Nagetiere dumm und gefräßig sind?"
Er: „Ja, mein Mäuschen!"

Der Hahn mag krähen, aber die Hennen legen die Eier.
Magaret Thatcher

Besuch ist wie Fisch, nach drei Tagen fängt er an zu stinken.

Was macht eine Biene mit Kopftuch?
Türkischen Honig

Was wünscht sich jede Miezekatze?
Einen Muskelkater

Ist es zu verantworten, dass Landwirte schon morgens früh die Sau rauslassen?

Der Hamster denkt ein Leben lang, sein Rad wäre eine Karriereleiter.

Was ist schlimmer als ein angebissener Apfel mit einem Wurm?
Einer mit einem halben Wurm

Der Mensch soll lernen, nur die Ochsen büffeln!
Erich Kästner

Ein Schaf zum anderen: „Komme, was Wolle."

Raupe müsste man sein: fressen, schlafen, fressen, schlafen, fressen, schlafen. ZACK! SCHÖN!

Tierisches

Wenn der Vogel frisst, dann pfeift er nicht.

Was passiert einer Taube,
die in einen Misthaufen fällt?
Sie bekommt Kotflügel.

Sagte ein Affe: „Soll ich meines Bruders Hüter sein
oder meines Hüters Bruder?"

Ich habe noch nie einen Affen gesehen,
der zum Menschen wurde, aber ich habe schon
viele Menschen gesehen,
die sich zum Affen gemacht haben.

Ich mag Nashörner, die sind wie Eichhörnchen,
nur fetter.

Heute morgen habe ich den frühen Vogel
erschossen.
War Notwehr.

Rettet den Wald, esst mehr Spechte!

Wenn der Mensch vom Affen abstammt,
warum gibt es dann noch Affen?

Darf ein Hund, der schon mal eine Wurst gestohlen hat, noch Polizeihund werden?

Es wurde mal ein psychisch Kranker gefragt:
„Was ist ein Dämon?" –
„Ein Dämon ist, wenn man von einer halben Wahrheit besessen ist", antwortete der Kranke.
„Können Sie verdeutlichen, was Sie meinen?", fragte der Psychologe.
„Ja, wenn ein Löwe in einem Schmetterlingsnetz gefangen wird und denkt, er wäre ein Schmetterling, dann ist er von einem Dämon besessen."

Darf sich jemand, der sich im Ruhestand befindet, nachts hinlegen?

➤ ❮

Warum kann man sich keinen verkaufsoffenen 1. Mai vorstellen, aber einen verkaufsoffenen Sonntag?

➤ ❮

Wenn ich am Strand eine schöne Frau anspreche, die das aber doof findet – krieg ich dann einen Strandkorb?

➤ ❮

Warum ist faulenzen ein Tätigkeitswort?

➤ ❮

Heißen Teigwaren Teigwaren, weil sie vorher Teig waren?

➤ ❮

Wenn es den männlichen Vornamen „Herrmann" gibt, gibt es dann auch den weiblichen Vornamen „Fraudame"?

Warum ist ein Kreiskrankenhaus eckig?

Wenn Katholiken zu einer Demo gehen, sind es dann Protestanten?

Ist die Predigt ein gemeindeinternes Selbstgespräch?

Wenn Gott wirklich alles sieht, verdreht er dann nicht manchmal die Augen?

Macht vier plus vier sieben, wenn man nicht achtgibt?

Warum muss ich auf Start klicken, wenn ich Windows beenden will?

Ist unsere Gesellschaft überaltert oder unterjüngt?

Warum fallen Asteroiden immer in Krater?

Widersprüchliches

Ist Morgengrauen der Moment, in dem man realisiert, dass man wieder zur Arbeit muss?

Heißt der Chef Chef, weil er ständig am cheffeln ist?

Wenn der Küchenchef zum Arzt geht, bekommt er dann ein neues Kochrezept?

Wenn der Arzt ruft, er brauche eine Schwester – hätte er das nicht besser mit seinen Eltern besprechen sollen?

Kann man sich den Arztbesuch sparen, wenn man schon in der Telefonzentrale verbunden wird?

Warum fallen Asteroiden immer in Krater?

Musst du so bleiben, wie du Biest?

Ist ein Raumschiff, das ausschließlich mit Frauen besetzt ist, unbemannt?

Warum ist **der** Baum männlich, **die** Blüte weiblich und **das** Blatt sächlich?

Trinken Veganer kein Wasser mehr, weil es aus dem Hahn kommt?

Da lernt man Dreisatz und Wahrscheinlichkeitsrechnung und steht trotzdem grübelnd vorm Backofen und fragt sich, welche der vier Schienen nun die Mittlere ist. Warum dann das Ganze?

Warum fallen Asteroiden immer in Krater?

Widersprüchliches

Wenn ihr die Wahl habt,
das Bad zu putzen oder zum Sport zu gehen,
welche Serie schaut ihr dann?

Ersetzt eine Flasche Rotwein
6 Semester Philosophiestudium?

„Beschreibe dein Liebesleben mit zwei Worten!"
„Mein was?!"

Ich habe nachgemessen, du bist großartig
Liebesgrüße

- Dich würde ich auch umarmen, wenn du ein Kaktus wärst und ich ein Luftballon.
- Nobody is perfect – außer dir.
- I love you to the moon and back.
- Wir haben vielleicht nicht alles, was wir wollen, aber zusammen sind wir alles, was wir brauchen.
- Weißt du, was das Wichtigste ist? Nein? Dann lies das zweite Wort noch mal!
- Aus zwei wird eins und bleibt doch zwei – gemeinsam, zusammen und dennoch frei.
- Ich habe nachgemessen, du bist großartig.
- „Liebe ist nie ohne Schmerzen", sagte der Hase und umarmte den Igel.
- Ich mag dich ein bisschen mehr als ursprünglich geplant.
- Das Leben ist eine Keksdose, und du bist mein Lieblingskeks.

Satzzeichen retten Leben
(und Beziehungen)

Ich mag meine Familie kochen und meinen Hund.
Ich mag meine Familie, kochen und meinen Hund.

Komm, wir essen Opa!
Komm, wir essen, Opa!

Wir bitten, unsere Gäste nicht zu rauchen.
Wir bitten unsere Gäste, nicht zu rauchen.

Frauen, denken Männer, sind ohne sie nichts.
Frauen denken, Männer sind ohne sie nichts.

Männer sind einfach anders als Frauen.
Männer sind einfach, anders als Frauen.

Er unterschrieb sein Urteil nicht, hängen.
Er unterschrieb sein Urteil, nicht hängen.

Schüler sagen, Lehrer haben es gut.
Schüler, sagen Lehrer, haben es gut.

Es ist schwierig für Männer, eine Lösung zu finden.
Es ist schwierig, für Männer eine Lösung zu finden.

Wir empfehlen, ihm zu folgen.
Wir empfehlen ihm, zu folgen.

Liebe Schwiegermutter, ich habe dich Ungeheuer lieb.
Liebe Schwiegermutter, ich habe dich ungeheuer lieb.

Du hast den schönsten Hintern, weit und breit.
Du hast den schönsten Hintern weit und breit.

Ich muss hier erst mal gar nix!

☺😐☹

Einfach mal was von der TO-DO-LISTE auf die WAS-SOLLS?-LISTE setzen.

☹ 😐 ☺

Nett kann ich auch, bringt aber nix.

☹ 😐 ☺

Schokolade löst keine Probleme, aber das tut ein Apfel ja auch nicht.

☹ 😐 ☺

Wer schweigt, stimmt nicht automatisch zu. Er hat nur manchmal keine Lust, mit Idioten zu diskutieren.

☹ 😐 ☺

Also eigentlich wollte ich heute die Welt retten, aber es regnet.

☹ 😐 ☺

Warum können die Leute einen nicht in Ruhe lassen, nur weil man ein bisschen anders ist?

☹ 😐 ☺

Man muss die Schuld auch mal bei anderen suchen.

☹ 😐 ☺

Mit mir ist heute nicht gut Kirschen essen. Schokolade geht.

☹ 😐 ☺

Da will man einmal raus in die Sonne, und dann passt die blöde Couch nicht durch die Tür.

☹ 😐 ☺

Ich liebe diese ausgedehnten Sonntagsspaziergänge. War schon im Bad, bin an der Küche vorbei und dann direkt über den Teppich zur Couch. Wetter spielt auch mit.

☹ 😐 ☺

Nichts vermiest einem den Freitag so sehr wie festzustellen, dass erst Mittwoch ist ...

☹ 😐 ☺

Eines Tages werde ich mal die Fenster putzen. Nur so aus Neugier.

Ich muss hier erst mal gar nix!

☺ 😐 ☹

Das sind keine Augenringe, das sind Schatten großer Taten.

☹ 😐 ☺

Fett sitzt bei mir an Körperstellen, da würde Sport niemals hinfinden.

☹ 😐 ☺

Es ist schwer, allwissend zu sein, aber ich komme damit klar.

☹ 😐 ☺

Ich hab gerade Zeit – wo gibt es nichts zu tun?

☹ 😐 ☺

Früher war alles leichter – ich zum Beispiel
Dick, doof, glücklich

Meine Diät? Wer shoppen geht, vergisst zu essen.

Solange mir der Schal passt, mache ich keine Diät.

Früher war alles leichter – ich zum Beispiel.

Eine ausgewogene Diät ist ein Kuchen in jeder Hand.

Ich habe mich heute im Spiegel gesehen. Ich müsste mal dringend etwas abnehmen. Am besten den Spiegel.

Ich wollte dieses Jahr zehn Kilogramm abnehmen. Fehlen nur noch dreizehn.

Dick, doof, glücklich

Als ich heute Morgen auf der Waage stand, wurde mir klar: Wer ein Herz aus Gold hat, Nerven wie Drahtseile und einen Charakter aus Stahl, der kann ja gar nicht wenig wiegen.

Zu Hause ist da, wo man den Bauch nicht einziehen muss.

Klar hab ich zugenommen, ich wog mal 3 500 Gramm.

Ich muss Fett verbrennen, ich schmeiß schon mal den Grill an.

Jahrelang hat man uns eingeredet, dass nach 18 Uhr gegessene Kohlenhydrate dick machen. Jetzt kommt raus: Kohlenhydrate wissen gar nicht, wie spät es ist.

Der gesündeste Teil der Donuts ist das Loch. Aber man muss halt erst mal den Rest essen, um da dranzukommen.

Es gibt gute und schlechte Fette. Ich gehöre zu den Guten.

Gut aussehen kann jeder. Aber da geht noch mehr.

Hab mich gewogen, bin zu klein.

Ich wünschte, ich wäre wieder so schlank wie damals, als ich dachte, ich wäre zu dick.

Ich nehme ab und zu zu.

Dick, doof, glücklich

Ich sammle Kalorien für einen guten Zweck.

Je mehr du wiegst, desto schwerer kannst du entführt werden. Schütz dich selbst und iss leckeren Kuchen.

Kuchenstücke unter 300 Gramm sind Kekse.

Kein Kuchen ist auch keine Lösung.

Lieber ein paar Kilos zu viel als ein paar Gehirnzellen zu wenig.

Man ist niemals zu schwer für seine Größe, aber man ist oft zu klein für sein Gewicht.

Tschüss Winterspeck – hallo Frühlingsrolle!

Wenn Schwimmen schlank macht, was machen Blauwale dann falsch?

Der Weltfrauentag ist auch der Tag, an dem die Waagen um zehn Kilo zurückgestellt werden.

Wenn Schokolade nicht so gut schmecken würde, wäre vieles leichter, ich zum Beispiel.

Ich esse nicht einfach Schokolade, ich gebe Kalorien ein Zuhause.

Patient zum Arzt: „Mit mehr Bewegung meinen Sie Kniebeugen oder so was?" – „Nein. Kopfschütteln. Immer, wenn man Ihnen was zu essen anbietet."

Dick, doof, glücklich

Mein Mann nimmt ab wie unser Abreißkalender.

„Ich muss mich mal wieder liften lassen." – „Dann mach doch das Fenster auf!"

„Hat dir schon jemand gesagt, dass du gut aussiehst?" – „Nein" – „Wird auch keiner!"

Männer nennen ihren Bauch „Muskelmasse im Speckmantel".

Ich habe meine Ernährung umgestellt: Die Kekse stehen jetzt links vom Laptop.

Wer schon mal am FKK-Strand an der Nordsee war, weiß, warum sich das Meer alle paar Stunden zurückzieht.

Hör immer auf dein Herz. Außer der Bäcker sagt: „Ich empfehle Käsekuchen." Dann hör auf den Bäcker.

Und mehr Arno Backhaus ...

Woran starb das Tote Meer? € 10,00

Ist das Kunst oder kann das weg? € 10,00

Dürfen Vegetarier Schmetterlinge ... € 10,00

Lache, und die Welt lacht mit ! ... € 10,00

Lieber Lachfalten als Tränensäcke € 10,00

Lache über deinen Nächsten wie dich .. € 10,00

Lache, solange du noch Zähne hast € 12,00

Was zählen Schafe, wenn sie ... € 12,00

Bibel dir deine Meinung € 10,00

Auf die Worte, fertig, los!
€ 8,00

Das Alter hat eigentlich ... € 7,00

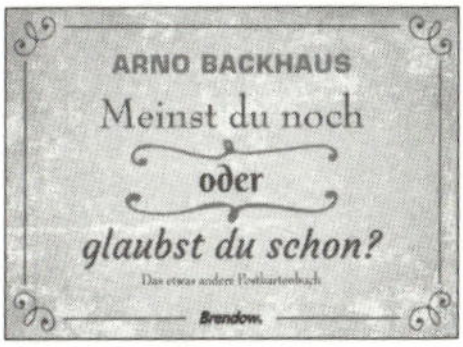

Meinst du noch oder glaubst du schon € 10,00

Ach du Schreck! AD(H)S
€ 16,00

AD(H)S - na und?
€ 15,00

Das wäre ja gelacht!
€ 10,00

Hilfe, meine Eltern sind in einem schwierigen Alter! € 12,00

Wer feste arbeitet, muss auch Feste feiern. € 14,00

Arno Backhaus kann man übrigens auch einladen, allein oder mit seiner Frau Hanna:

- zu einem Vortrag über AD(H)S
- zu einem Vortrag über Humor für Frühstückstreffen für Männer oder/und Frauen
- zu einem Konzert „Lieder, Texte & Persönliches – zum Über-leben und Totlachen“
- zu einer „Kinder-Überraschung“ mit Spiel, Spaß & Gags (mit oder ohne Erwachsene)
- zu einem Seminar „Kommunikation & missionarischer Lebensstil“
- zu einer „Laugh-Parade“ mit viel Klamauk, Gags,Witzen, Songs und Volkstanz

Hier können Sie die unterschiedlichen Programme für Jung und Alt unverbindlich anfordern:

Hanna & Arno Backhaus
Hauptstraße 13 · 34379 Calden
(bei Kassel)
Telefon 0 56 77 - 13 43
bauchladen@arno-backhaus.de
homepage: www.arno-backhaus.de
web-shop: www.arnobackhaus.de